꽃처럼 씨앗이 되지 않을래요

소통과 힐링의 시 16

꽃처럼 씨앗이 되지 않을래요

서시

울어야 할 때가 있다
닭은 울어야 아침을 맞는다

어린 새는 울어야
크게 입을 벌려야
어미 새의 먹이를 받는다

때론 울어야 할 때가 있다
그때는 더 크게 울자
까치는 울어야 새소식 전한다

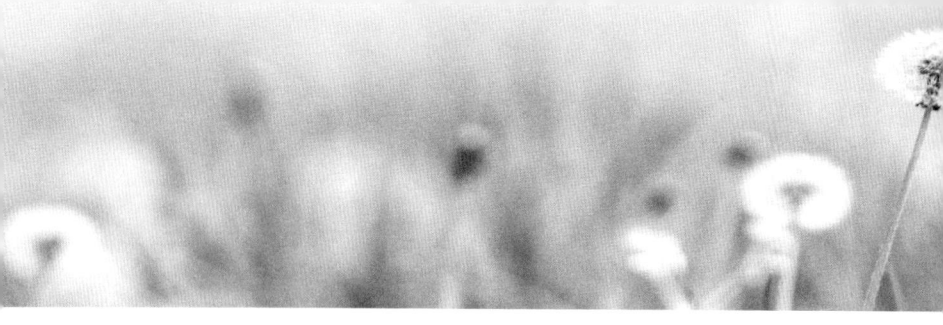

1부 슬플 때는 슬퍼서
　　　기쁠 때는 기뻐서

꽃망울　　　　　　　　　013
봄맞이　　　　　　　　　014
꽃 한송이　　　　　　　　015
웃음나무　　　　　　　　016
슬픈 날　　　　　　　　　017
가시울타리　　　　　　　018
그대 사람　　　　　　　　019
한 나무　　　　　　　　　020
꽃잎 떨어지면　　　　　　021
날개짓　　　　　　　　　022
철탑줄　　　　　　　　　023
눈물을 흘려야겠습니다　　024
눈물　　　　　　　　　　025
가릴 수 있나　　　　　　　026
행복한 개펄　　　　　　　027
알 때까지는　　　　　　　028
있는 그대로　　　　　　　029
웃음터　　　　　　　　　030
둥근 마음씨　　　　　　　031
달　　　　　　　　　　　032
나도 끼어들어　　　　　　033
오솔길　　　　　　　　　034

2부 아무리 숨어 봐라 내가 못 찾나

구름달	037
구름산	038
달빛	039
이야기꽃	040
섬마을에	041
우산쯤이야	042
해바라기	043
쉼터	044
모래집 짓고	045
빗소리	046
시루떡	047
연날리기	048
별	049
김장	050
꽃과 여인	051
새벽 종소리	052
일용할 양식	053
여름	054
어머니	055
무지개	056
어머니 기도	057
행복한 풍경	058

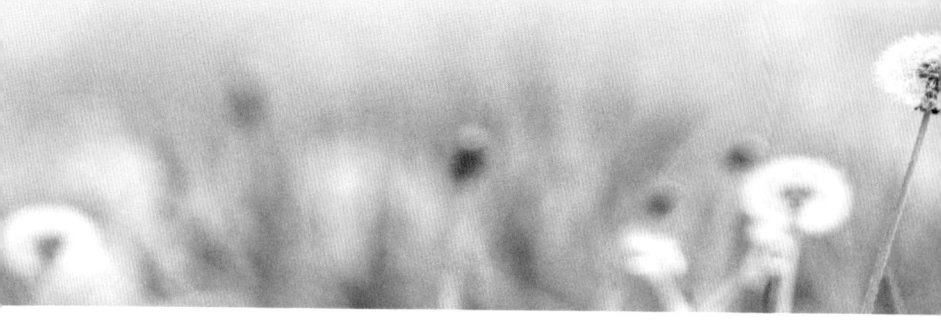

3부 보고 싶은 얼굴
　　　만나고 싶은 얼굴

첫눈 오는 날　　　　　　　　　061
숨바꼭질　　　　　　　　　　062
되돌아 보면　　　　　　　　　064
산촌　　　　　　　　　　　　065
고향　　　　　　　　　　　　066
포도밭에서　　　　　　　　　067
가을날　　　　　　　　　　　068
논가에서　　　　　　　　　　069
호숫가　　　　　　　　　　　070
그 꽃들　　　　　　　　　　　071
행복한 시간들　　　　　　　　072
그때는 그랬는데　　　　　　　073
고향 풍경　　　　　　　　　　074
코스모스　　　　　　　　　　075
아궁이　　　　　　　　　　　076
빨래터　　　　　　　　　　　077
허수아비　　　　　　　　　　078
겨울　　　　　　　　　　　　079
더운 바람　　　　　　　　　　080
그녀에게　　　　　　　　　　081
반가운 소리　　　　　　　　　082

4부 믿을 만한 사람 되었으니
세상 좋은 사람 되었으니

좋은 밭	085
큰 그릇 작은 그릇	086
비	087
눈길	088
비둘기	089
새벽 새	090
그리움	091
이슬	092
숨은 달	093
잠자리	094
아침에	095
민들레미꽃	096
그림자	097
사랑한다면	098
고래 구름	099
비 갠 오후	100
풍성한 나무	101
수채화	102
찬바람	103
행복이슬	104

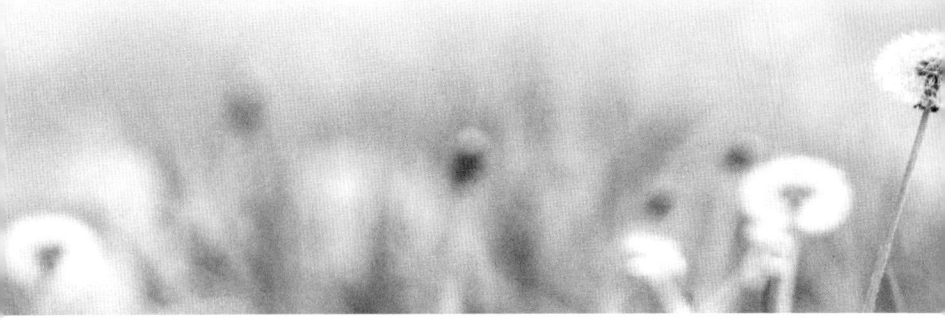

5부 아픔은 싸매주고
     그리움은 풍겨주고

어떤 생인가	107
돌들	108
천생연분	109
희망	110
말	111
자랑	112
우산	113
외로울 때는	114
종소리	115
절대긍정	116
물 한 병도	117
시와 만남	118
아직 때가 아니라면	119
떡잎을 몰랐다고	120
고민	121
어디에 서 있는가	122
시냇물	123
마지막 수업	124
즐거움	125
소리	126
자리가 죄	127
노을처럼	128

1부

슬플 때는 슬퍼서
기쁠 때는 기뻐서

꽃망울

톡 꽃망울이 터졌다
그동안 얼마나 아팠을까
톡 터트리기까지

나도 마음 하나
톡 터트렸다

이제는 아프지 않으리라
터트리고 나니
꽃 세상인 것을

봄맞이

하늘 위로 솟아있는
저 나무는
기세가 등등하다

거 봐라
제아무리 동장군 설쳐대도
이겨내니 오지 않나
버텨내니 오지 않나
봄은 오지 않나

묵묵히 버텨낸
자신감이 대단하다
싱그러운 봄햇살
잔잔한 미소에
새소리도 낭랑하다

꽃 한송이

처음부터 홀로는 아니었습니다
저 들판의 꽃 한송이
바람에 쏠리고
빗줄기에 씻기어
그렇게 하나가 되었습니다

이제 그 자리
하나로 남을 수 없어
꽃을 피우고
씨앗을 품습니다

어때요, 우리
씨앗이 되지 않을래요
저 꽃처럼

웃음나무

큰 나무는 위로 위로
작은 나무는
옆으로 옆으로

매끈한 나무는 저 홀로
가시나무는
가시나무끼리

사과나무는 사과밭에
배나무는 배밭에
정자나무
마을 한 가운데

나는 지금 어디서나
웃음꽃 피우는
웃음나무

슬픈 날

한 방울 두 방울
이곳 저곳 적시며
흐르는 비는
눈물로 흐른다

한 곳 두 곳
고비고비 눈물은
촉촉이 하늘을
씻어 내린다

이제 더욱 푸르리라
하늘도 내 마음도
아무 일 없었던 듯이
해맑은 얼굴로
더더욱 푸르리라

가시울타리

담장 안
담장 밖
서로 볼 수는 없지만
그리워할 수는 있습니다
꿈에서라도 볼 수는 있습니다

어쩌실래요?
그리워만 하실래요?
꿈만 꾸실래요?

제가 먼저
치우리다
가시울타리

그대 사람

눈사람은 사람이 아니다
사람 모양을 한 눈이다
눈을 사람이라고 부르지 않는다
눈으로 사람 모양 만들었을 때
눈사람이라 부른다

굴려 다오 만들어 다오
원하는 대로
굴리고 또 굴려서
나도 눈처럼
그대 사람 되고 싶다

한 나무

큰 나무가 큰 열매를 맺었습니다
큰 열매를 맺기 위해
더 깊은 뿌리 내려야 했습니다
아이들이 던지는 돌멩이도
어른들이 툭툭 쳐대는 장대도
태풍이 꺾어대는 잔가지도
참다 보니 때가 왔습니다

누구는 영양제를 주기도 하고
누구는 추울새라 짚으로 옷도 입혀주고
잡초 넝쿨들이 달려들면
안타까울새라 제거도 해주었습니다
까마귀 까치 비둘기 참새
외로울새라 찾아주고
크게 내린 뿌리에
참고 참다 보니
큰 기쁨이
주렁주렁 매달렸습니다

꽃잎 떨어지면

무엇으로 위안 삼나
무엇으로
웃음 찾나

아하,
꽃잎 지니
열매 맺고

아하,
이 꽃잎 지니
저 꽃잎 피고

날개짓

까치 한 마리
일찍 일어나
크게 한번 소식 전하더니
이 나무 저 나무 옮기며
어쩔 줄 몰라한다

기쁘니 어쩔 수 없구나
너무 기쁘니
어쩔 줄 몰라
그렇게라도 풀어야지

나눠라 나눠라
기쁨도 혼자 갖고 있으면
엇박자로 넘어진다
날개짓 크게 나눠라
까치 한 마리
아침을 노래한다

철탑줄

푸른 하늘 길게 늘어선
기타줄 위에
아기 참새 엄마 참새
악기 타느라 배꼽 빠져 있다
짹짹 짹짹

하늘 보고 땅 보고
사람은 흉내도 내기 힘든
철탑 사이
길게 늘어진 기타줄 위에
참새떼
악기 타느라 신나 있다
짹짹 짹짹

눈물을 흘려야겠습니다

헤어진다는 생각에 마음이 아파
한없이 울었습니다

내 마음 네가 알고
네 마음 내가 알기에
그냥 한없이 울었습니다

울고 나니 후련합니다
이제는 보낼 수 있습니다

그대도 그러한가요?
그랬으면 좋겠습니다

눈물

나온다고 눈물이 아니고
흐른다고 눈물이 아니다

슬픔이 기쁨이
바로
눈물이다

슬플 때는 슬퍼서
기쁠 때는 기뻐서
함께 하는 것이
눈물이다

너와 내가
함께 하는 것이
눈물이다

가릴 수 있나

태양도 가릴 수 있고
달도 가릴 수 있지만
그 어떤 것으로 가린다 해도
너를 향한 내 마음 가릴 수 있나

손바닥으로 가린들
수건으로 가린들
콘크리트 장막으로 가린들
무엇으로 가릴 수 있나

가려도 가려도 가릴 수 없고
어떻게든 다 드러나니
네가 알고 내가 알 듯
이제는 감추지 말자
더 이상 감추지 말자

행복한 개펄

개펄은 마음을 넓게 해준다
숨구멍 쏭쏭 드러내고
들이쉬고 내쉬며
살아 있음을 보여준다

좌로 우로 달려봤자 꽃게
바다가 좁다고 허리 구부린 새우
팔다리 많아도 사람 하나 잡지 못하는 낙지
그저 그저 좋다고 펄펄 뛰는 망둥어
얼마나 늙었는가 구불구불 개불
작은 조개 큰 조개

숨구멍 쏭쏭 드러내고
들이쉬고 내쉬며
살아있음을 보여준다
개펄은

내가 그런 것처럼
네가 그런 것처럼
들이쉬고 내쉬며
살아있음을 보여준다

알 때까지는

어두움에 몸부림쳐야 했다
답답함에 목말라야 했다
그리움에 몸서리쳐야 했다
알 때까지는

밤을 불면으로 맞으면 밤은 길다
어둠을 몸서리로 보내면
아침은 더디 온다

가슴을 보라
사랑이 숨 쉬는
가슴을 보라
어둠 속에 길이 있고
목마름 속에 샘이 있다

있는 그대로

달은 언제 어디서나
얼굴만 내밀어도
아름답다

서두르면 초승달
초저녁 동쪽에
반달로 얼굴 내밀고

딱 맞추면 보름달
한밤을 오롯이
가득 채우고

늦장 부리면
새벽녘 서산에
그믐달로 머물고

나는 날마다 조금씩
화장 바꾸는
달빛에 취하고

웃음터

산기슭의 우물터는
우리 마을
공용 웃음터

물 길러온 아낙네들
두레박으로 퍼올리는 건
언제나 웃음이 가득

호호 깔깔
한 가득 물동이
머리에 이고

출렁이면 출렁이는 대로
젖으면 젖는 대로
힘들면 힘든 대로

웃음터 기운 가득
집으로 돌아오면
삽살개 꼬리쳐 반겨 주었지

둥근 마음씨

힘들어도 지쳐도
배고프더라도
둥글둥글 마음씨

화낼 일도
기쁜 일도
둥글둥글 알아주는
둥근 마음씨

모나 봐라 너만 힘들다
튀어 봐라 너만 피곤타

둥글둥글 둥근 마음씨
언제 어디서나
둥글둥글
좋은 마음씨

달

달이 나를 비춘다
내가 달에 물든다

가는 대로 오는 대로
달이 웃고
내가 웃고
우리는
언제나 웃고 있다

달이 나를 비춘다
내가 달에 물든다

나도 끼어들어

딱딱딱딱
이른 아침
딱따구리
세상을 깨운다

짹짹짹짹
알았다고
참새가 맞장구친다

맴맴맴맴
매미도 장단 맞춰
세상을 깨운다

하하하하
나도 끼어들어
세상을 깨운다

오솔길

사뿐히 걷다 보면 낙엽을
꽃잎처럼 뿌리는 나무들
행복은 걸음마다 피어오른다

가을 향에 취해
시간 가는 줄 모르고
사뿐히 걷다 보면
걸음걸음 기쁨이 넘친다

가까이 있는 것이 행복이다
사뿐히 즐기는 게 행복이다
오솔길 걸음걸음 웃음이 넘친다

2부

아무리 숨어 봐라
내가 못 찾나

구름달

오늘은 기다리고 기다려도
모습 보이지 않고
나 보고 술래하란다

나 찾아봐라
엄마의 치마폭 뒤로
얼굴만 감춘 아기처럼
네가
아무리 숨어 봐라
내가 못 찾나
구름 뒤로 숨었지

너는 구름달
나는 술래
아무리 숨어 봐라
내가 못 찾나

구름산

엄마처럼 따스하다
누워있는 듯
자는 듯
팔베개 하고 있는 모습은
엄마품에 잠들어 있는
아기의 숨결 같다

누구의 작품이던가
바라보는 그대
마음의 작품이겠지?

달빛

화려하지도 않고
멋지지도 않고
누구를 위함인가

창가에 앉아
나를 바라보며
사랑의 속삭임
잠시
아늑해 진다

달빛, 그윽한 모습
정 많은
어머니 눈빛

이야기꽃

나무 위에 다람쥐는 잡아보라
숨바꼭질 오르락내리락
연못가의 개구리는 퐁당퐁당
논둑의 메뚜기는 폴짝폴짝

친구들 오순도순
정다운 이야기꽃
시간 가는 줄 모르고

모깃불 멍석 위 감자 구워주시던
어머니의 옛이야기는 들을 수 없어도
여기저기 피워올리던 이야기꽃
아련한 메아리로 스쳐가네

생각만 해도 아름다운 이야기꽃
나는 오늘도 이야기꽃 찾아
이웃들 속에 파묻히네

섬마을에

할머니와 손자가 살고 있었습니다
할머니는 간간이 밭농사 지으시고
이웃이 갖다 주는 사랑으로 살았습니다
손자는 학교에서 다녀오면
할머니 도우며 해녀 아닌 해남이 되어
소라 고동 멍게 해삼 잡아
집안에 보탰습니다

이웃 할머니 마실 오시면 챙겨드리고
기계도 고쳐주며
육지로 떠난 아버지 한 달에 한 번
오실 때면 세상 모든 행복
얼굴 가득 담곤 합니다

저렇게도 행복한데
행복은 가까이 있는데
섬마을 행복 소식
내 가슴에 선합니다

우산쯤이야

두 사람이 우산 쓰고 걸어갑니다
폭풍우가 우산을 날려버리니
서로 어깨 감싸주며
걸어갑니다

같이 있어 든든합니다
힘들어도 견딜 만합니다

비가 멎고 바람이 멎고
파란 얼굴 미소지으니
우산쯤이야
없어도 좋습니다

장작불 피어 옷 말리고
젖은 양말 신발 말리며
냄새도 맡아보며
깔깔 때며
매우 행복해 보입니다

혼자라가 아니라
둘이라서
더 행복해 보입니다

해바라기

해바라기는 항상 웃고 있다
무얼 보고 그리 신나는지
무얼 상상하며
그리 배꼽 잡는지
언제나 활짝 웃고 있다

저 멀리 보이지 않으면
키 높이 해서라도 보고
키 작은 아이들 보이지 않으면
고개 숙여서라도 본다

밝게 웃는 해바라기
언제나
내 마음의 꽃이다

언제나 행복만
바라보는
내 마음의 꽃이다

쉼터

새들의 쉼터는 나무요
물고기들의 쉼터는 호수요
노인의 쉼터는 그루터기요
아가의 쉼터는 엄마품이요

그 중에 최고는 엄마품이요
나무와 호수엔 위험도 있지만
엄마의 품에는 안식뿐이니

쉼과 안식이 있는 곳
우리는 누구의
엄마품이 되리오?

모래집 짓고

고운 모래밭에 모여 앉아 소원을 빈다
두껍아 두껍아 헌 집 줄게 새 집 다오
손등에 모래 쌓아 좋은 집 지어놓고
어머니 얼굴 그려본다

어머니 모습 잠깐이나마
좋은 집에 모실 수 있어
행복하다

그래, 나도 행복하단다
어머니 환한 목소리 아니 들려도
좋은 집 아래 숨쉬는 마냥
행복하다

집도 그리고
산도 그리고
어머니 그려본다
그리운 어머니

빗소리

떠오르는 사람이 하나 있습니다
빗소리가 들리면
긴 머리카락 둥근 얼굴에
눈썹 진하고 입술 보드라운
보조개를 가진 예쁜 여인

우산이 없어 옷이 젖어
외투를 씌어주며
소래포구 방둑을 손잡고
시간 가는 줄 모르고
철로길 무서워
쩔쩔 매던 그 여인

소래포구 횟집에서
배부르게 함께 먹고
긴 나무 탁자위에 누워
팔베개 하며 하늘을 쳐다보며
사랑을 속삭이던 여인

떠오르는 사람 있습니다
빗소리 들리면 저절로
살아오는 사람 있습니다

시루떡

어머니는 명절이나 절기마다
으레 시루떡을 하셨다

팥을 깨끗이 씻어 준비하고
찹쌀을 다라에 담아 걸러내고
가마솥 위에 시루를 올려놓고
팥으로 층계층계 찹쌀을 쌓고
장작불로 아랫목을 달궜다

이웃집 돌리는 것 내 몫이었다
떡 가져왔어요
떡 드세요
어머니는 그렇게
나누는 법을 가르쳤다

그렇게 나는
명절이나 절기마다
나누는 법을 배웠다

연날리기

겨울이면 연날리기 시작한다
가오리연 방패연
지네연 가면연
높이 높이 저 멀리
올라갈 때면
어린 꿈도 높이 날아올랐다

실 끊기 놀이하면
누구는 환호하고
누구는 분에 잠겨도
해 저물면
그만이었다

오늘은 오늘이다
내일은 내일이고
어머니 부르는 소리
또 다른 시작이다

별

가족같이 모여 있는
수많은 별들을
하나
두울
헤아려 볼 적에
그리운 어머니 아롱아롱

무엇이 두려우랴
가족이 있는데
엄마별 아빠별
든든히 곁에 있는데

어두울수록
더욱 빛나는 별들
헤아리고 또 헤아리다
어머니 생각에
스스로 잠이 드네요

김장

엄마가 버무린 김장 김치
한 입 가득 먹여주면
입가를 물들이던 빨간 고춧물
함박웃음으로 더욱 번지고

장독대 큰 독에
차곡차곡 쌓기 시작하면
어느 새 가득가득

비닐 씌워 돌멩이 올리면
긴 겨울나기 준비 끝

고춧가루 배추 무 마늘 부추
대파 생강 새우젓
뒷집 옆집 이웃사촌
한껏 버무린 김장 김치

정이 가득 웃음이 가득
기쁨과 사랑이 가득가득

꽃과 여인

꽃은 달덩이처럼 둥글다
꽃은 어떤 옷을 갈아입혀도
아무 색깔의 옷을 입혀도
잘 어울렸다

그녀와 같이 있으면
행복하고 기쁘다

꽃은 여인의 향기를 닮았다
여인은 꽃향기를 풍겼다

내 사랑은 꽃이다
달덩이 같은 여인이다
주고 또 주어도
아깝지 않는 변치 않을 사랑

새벽 종소리

땡땡 땡땡 땡땡
새벽 깨우는 종소리에
은은하다

할머니 어머니
예배당에 모여
새벽기도 하실 거다

아픈 자식 낫게 해달라고
건강하게만 해달라고
하늘을 바라보며 무수히
눈물 흘리며
기도 올렸던 나날들

지금도 기도하실까
시골 예배당
할머니 어머니
새벽 종소리 아련하다

일용할 양식

사랑의 탁자에 모여 앉아
숟가락 젓가락 정리해 놓으면
밥그릇 국그릇 밥과 찌개
모락모락 앞에 두면
향과 맛이 즐겁고
눈과 귀도 즐겁고
기쁨의 양식
감사의 양식
일용할 양식
오늘도 또 기도하며
행복을 나눈다

여름

무더위와 목마름이 기세를 부린다
원두막에 둘러앉아 오순도순
정을 나누던 수박은
여름의 웃음꽃
수박씨 장난 삼아 얼굴에 붙이며
정답게 노닐던 벗들이 그립다

아들아, 같이 가자
어머니 따라 참외밭에 가면
노란 참외가 함박웃음
무더위와 목마름도 끄덕없다

여름에는
여름을 이기는
방법이 다 있다

어머니

머리 위에 다라 이시고
오른손엔 막내딸 놓칠새라
장터로 향하시는 어머니의 모습
지금도 선하게 살아 있다

자식에게 부족함 없이 채워주시려
아침 일찍 일터로 나가시던 어머니

아낌없이 주시고
주고 또 주시고
그래도 부족하다며
항상 미안해 하시더니

주름진 검은 얼굴
활짝 펴지도 못하시고
정 주고 사랑만 주시던
보고 싶은 어머니
그리운 어머니

무지개

무지개에는 어머니가 살아계신다
비 개고 무지개 뜨면
어머님이 해주신 무지개떡
내 가슴 곱게 수놓고 있다

무지개는 보기도 참 좋다
어머니처럼 무지개떡이라도
빚으면 좋으련만
마음에만 살아 있는 그리움

무지개에는 어머니가 살아계신다
곱게 커라 곱게 자라라
무지개 마음 심어주던
어머니 사랑

어머니 기도

박자는 서툴러도 열심히 부르시던
찬송가 소리가 귓전에 선합니다

아들 위하여 기도하시며
눈물 닦으시며
띄엄띄엄 운율에 맞춰
성경을 읽으시던
어머니 사랑

아프면 아픈 대로
넘치면 넘치는 대로
챙겨주시고 사랑 주시던
어머니 마음

표현은 서툴러도
마음만은 분명했던
어머니 기도 귓전에 선합니다

행복한 풍경

가물었던 산하에 단비 내려
촉촉이 적셔주고
햇빛 찾아주니
삶의 윤기 더욱 생생하다

골짜기 골짜기 날아다니는
저 새는
뭐가 그리 바쁜가
이 가지 저 가지 쉴 새가 없다
그래, 그래야지
먹이도 한철이니
산 너머 날아간 새는
배불러 못 오는가

깊은 골짜기
모여든 물줄기
반짝 햇살에 빛난다

3부

보고 싶은 얼굴
만나고 싶은 얼굴

첫눈 오는 날

푸르고 긴 솔나무
목이 가늘고 긴 잣나무
이 추위에
추운 줄도 모르고
한껏 설레어 있다

천진난만 아이처럼
깡충깡충 강아지처럼
돈 벌러 나간 낭군 소식
기다리는
새색시처럼

숨바꼭질

누나는 한참 찾아 헤맸습니다
나는 꼭꼭 숨어 전봇대 뒤
장독대 뒤에서
한참을 기다렸습니다

"아무도 없네."
전봇대 곁으로 장독대 곁에서
누나는 돌아가려 했고
나는 키득키득 행복해 하다
"여기 있다, 요놈!"
누나 한 마디에 술래가 되었습니다

누나가 숨었고 한참이나 찾았지만
저녁까지 보이지 않아
집으로 왔더니
누나는 엄마와 동생과 고구마를
맛있게 먹고 있었습니다

누나는 자기에게 오지 않길래
엄마가 부르는 소리에 그만 집으로 왔고
술래는 나를 잊었다고 했습니다
억울했지만 어쩔 수 없었습니다
그래서 술래인 걸

나는 오늘도 술래가 되어 누나를 찾습니다
어디선가 엄마가 만들어 주신
찐빵과 고구마 보리콩나물밥을
먹고 있지 않을까요?

누나도 술래잡기 생각날까요?
전봇대 장독대 그 시절이 그립습니다

되돌아 보면

보고 싶은 얼굴
만나고 싶은 얼굴
그립다

행복했던 시절
치고 박고 싸우던 시절
되돌아 보면
그립다

함께 했던 사람들
곁에 있던 사람들
모두 모두
돌아보면 그립다

산촌

어린아이의 울음소리
아낙네들의 우물가 수다 소리
다듬이 소리
들리지 않는다

음메 음메 외양간 송아지 소리
부뚜막의 고양이 소리
맷돌 돌리는 소리
새벽을 깨우는 암탉소리
이제는 들리지 않는다

빨리 오라 외치는 강아지 소리
가마솥에 밥 되었다고
탁탁 부르는 소리
보글보글 된장찌개 끓는 소리
더 이상 들리지 않는다

저 멀리 울려퍼지는
산촌의 메아리 소리
퍼드득 산비둘기 소리
쓰르람 쓰르라미 소리
행복의 소리 그대로인데

고향

큰 초가집이 있다
산에 올라 나무해 오고
장작 패어 쌓아놓고

부뚜막에 가마솥
큰 굴뚝 소죽 굴뚝
작은 굴뚝
우리집 밥솥 굴뚝
소 두 마리가 외양간에서
함께 행복해 하며 인사한다

아버지는 낫 칼 갈아 들로 나가시고
어머니는 온갖 빨래 우물 곁을 떠날 줄 모르고
할머니 할아버지는 마실 가셨나
동생은 검둥개와 놀러갔는지 보이지 않는다
동생이 있어야 밤 줍는 재미있는데

친구들과 뒷동산에서 전쟁놀이 해야지
전쟁놀이 할 사람 여기 붙어라
엄지 손가락 치켜드니 7명이 붙었다
아군 적군 편 가르려니 한 명이 모자라
영철형이 슬쩍 머릿수 채워준다

언제나 정이 넘치던 그리운 내 고향
죽어도 잊지 못할 정겨운 내 고향

포도밭에서

포도송이 알알이
새들은 숨바꼭질
흩어졌다 모였다

기회 잡았다고 사뿐히
내려앉은 새들은
두리번 두리번

어쩌나 여기는 땀 흘린
주인이 있으니
너무 욕심 부리지 말고
살짝 살짝
티 안 나게만
머물다 가오

가을날

낙엽은 지고 국화는 피었다
그윽한 향기
산하를 덮는다

그 향기에 취해 있다
벌들은 꿀샘에 취하고
나는 할머니가 만들어주신
조청 맛에 취해 있다

가을날
할머니
향기 참 곱다

논가에서

황새가
물고기 발견하고는
누구에게 질새라
쉬지 않고 낚아챈다

뜸북이가
푸드득 푸드득
개구리
개굴개굴

참새들 벼이삭 노리며
허수아비와 눈치 싸움이다
주인까지 어쩔 수 없다
후르륵
다 흩어져 버렸다

다들 그렇게
치열하게 산다

호숫가

아무도 없는 잔잔한 자갈밭을 걷다 보면
물결치는 호수 할머니 주름인 듯
간혹 띄엄띄엄 동그라미 그려가며
이 모양 저 모양
재주 부린다

햇빛 내리쬐니 한낮에
별빛을 풀어 놓은 듯
진주처럼 빛나는 그리움

이리 도망
저리 도망
잡을 수 없어
마냥 바라만 본다
아련한 그리움

그 꽃들

모두 모여 앉아 있는 꽃밭에
한 마리 나비
신이 나서 날아다니고
이 꽃 저 꽃
차별하지 않고
종족을 퍼트린다

꿀벌도 질새라
윙윙 그 꽃
향기 날라주고

발이 없으면 어떠랴
손이 없으면 어떠랴
너와 나 이어주는
나비 있고
벌이 있는데

행복한 시간들

아카시아 나무들이 출렁출렁
떡갈나무들은 속삭속삭

무엇이 그리 즐거운가
시간 가는 줄 모르고
해 저무는 줄도 모르고
행복한 시간에
여념이 없다

모두 모두
신이 난 하늘
흰 구름은 파도타기
바람은 그네 밀기

바라만 봐도 행복한 시간
눈을 감으니 더욱
행복한 시간

그때는 그랬는데

그때는 다 짝을 지어 놀았다
딱지치기 비사치기
오징어 놀이
다 짝을 지어 놀았다

아버지는 나귀 타고 장에 가시고
여자 아이들 고무줄 놀이도
햇빛은 쨍쨍 모래알은 반짝
엄마 역할 아빠 역할
아가 역할 소꿉놀이도
다 짝을 지어 놀았다

어쩌다 술래 하나 골려주는
술래잡기 놀이
무궁화꽃이 있었습니다
즐기다 보면 그것도
다 함께
어울리는 놀이였다

고향 풍경

봇다리 짐 머리에 인 할머니
살짝 굽은 등허리
재를 넘어 갈 즈음에
느티나무 우두커니 서 있고
들판에 어른 소 어린 소
한가로이 풀을 뜯고 있었다

할아버지 멍석 깔아
콩과 깨를 터실 때면
흥얼흥얼 노랫소리
도리깨 장단에 맞추고

동네 어귀에 풍악소리
쩌렁쩌렁
풍년놀이 퍼지면
동네방네 집집마다
맛있는 떡과 과일
아이들도 신이 났다

코스모스

어떤 꽃은 웃음짓고
어떤 꽃은 미소지으며
어떤 꽃은 수줍은 듯
마을 길에 늘어섰다

벌과 나비
하나 둘 모여들면
무당벌레도
개미도 사마귀도
메뚜기도
모두 모두
같이 놀자 모여 들었다

그래 그래 다 와라
마음씨 좋은 코스모스
넓은 품 벌려 다 받아 주었다

아궁이

장작 넣고 불쏘시개 검불로
성냥불 지피면
한겨울 추위도 끄덕 없어
웃풍이 창호지 타고 들어오면
아랫목 이불 뒤집어쓰고
귀신 이야기 들려 달라 떼쓰고는
너무 무서워 오싹오싹

할머니는 밤 까주시고
할아버지는 해바라기씨
다정한 이야기에
시간은 절로 가고

어머니는 바구니에 뻥튀기
꿀조청 찍어 주시고
아버지는 윗목에서
갈대 바구니 만드시고

동네 골목가의 초가집
우리집 아궁이는
한겨울 구들장을
따끈히 덥혀주었습니다

빨래터

논두렁 밭두렁 아슬아슬
엄마 뒤따라
나와 여동생 검둥이가
빨래터로 간다

엄마는 큰 다라에
빨래감 가득 이시고
우리는 조잘조잘
들판 한가운데 있는
빨래터로 간다

방망이 힘껏 내리치는
동네 아주머니
이웃 동네 뚱보 아주머니는
팔 걷어 제치고 주물럭
저 산 너머 과부 아주머니는
이불 빨래 밟고 밟으며
가락으로 빨래터를 수놓는다

나와 동생은 고무신으로 배 만들어
낙엽 띄우며 누가 멀리 떠가나
놀이에 폭 빠져있고
검둥이는 왔다갔다
꼬리 물기 빙빙 돌며 신이 났다

허수아비

아버지는 부지런한 농사꾼
이른 새벽 일어나
삽과 낫을 리어커에 싣고
멀리 논으로 일을 가시고

어머니는 새참으로
큰 다라에 밥과 찌개
막걸리 주전자에 가득 담아
머리에 이고 앞서 가시면

나는 물 가득 주전자 들고
검둥이와 함께
졸졸 따라갔지요

분명히 아버지와 친구분이 일하신다는데
멀리서 보이는 논에는 다섯 명
모두 다 밀집 모자 쓰고 일하시는데
가까이 가보니 세 명은 허수아비였지요

지금도 허수아비만 보면
아련히 떠오르는 그때의 기억
허수아비는 남았는데
아버지는 멀리 떠나셨습니다

겨울

하늘에서 내리는 겨울눈은
나뭇가지에도
장독대에도
마당에도
하얗게 수를 놓았다

새들은 먹이 찾아
서로 모여 겨울을 걱정하고
흰 눈에 발이 시려운지
검둥이는 종종종 쉴 새가 없다

눈이라고 다 좋은 것만은 아니다
좋아하는 이는 좋아하는 대로
걱정하는 이는 걱정하는 대로
겨울은 깊어간다

더운 바람

바람도 계절을 타나 보다
여름엔 더운 바람
홀로 오지 아니하고
여름을 더 힘들게 한다

농부의 애타는 목마름도
아낙네의 굵은 땀줄기도
아랑곳하지 않고
계절을 타나 보다

애타는 그리움
간절한 설레임
아랑곳하지 않고
나 몰라라 그대처럼

그녀에게

꼭 한마디 전해주고 싶었습니다
당신을 좋아한다고
꼭 한마디 전해주고 싶었습니다

하지만 알았습니다 그녀 앞에서
세상을 움직이는 건
말보다 미소라고
그녀는 환한 미소로
백 마디 들려주고 있었습니다

이제야 말하렵니다 사랑한다고
미소로 전하는 법을 가르쳐 줬으니
말로 보태는 법을 배웠다고
그리하여 사랑한다고
환한 웃음으로 밝은 눈빛으로
이제야 말하렵니다 사랑한다고

반가운 소리

깍깍
반가운 소리
새벽을 깨우고

깍깍
나를 바라보는
한 쌍의 까치

웃어라 웃어라
오늘 하루 웃어라
반가운 소식 전한다

4부

믿을 만한 사람 되었으니
세상 좋은 사람 되었으니

좋은 밭

텃밭에 나가보니 상추도 심었고
배추도 토마토도 심었습니다
고추도 가지도 호박도 심었습니다
물도 공기도
햇빛도 부족함이 없었습니다

어떤 것은 잘 자라고
어떤 것은 자라지 못하고
심지어 말라 죽기까지 했습니다

농부는 가슴이 아팠습니다
왜 똑같은 것을 주었는데
말라 죽었는지 이해할 수 없었습니다
농부는 원인을 찾으려 심혈을 기울였습니다

아, 농부는 똑같이 좋은 것을 주었지만
말라죽은 것들에게는 맞지 않았던 것입니다
좋은 것을 주어도 맞지 않으니
말라 죽을 수밖에 없었던 것입니다
좋다고 모두에게 다 좋은 것은 아니었습니다

큰 그릇 작은 그릇

큰집에는 많은 그릇이 있습니다
잔치용 식사용 손님 접대용
모두 모두 용도가 다릅니다

큰 그릇은 많이 담을 수 있고
작은 그릇은 적게 담을 수밖에 없습니다

그릇은 주인의 쓰임에 따라
큰 그릇 작은 그릇
담을 만큼 담습니다

당신의 주인은 누구입니까?
당신은 어떤 그릇 준비했나요?

비

비가 내린다
그리 강하지도
그리 약하지도 않으면서
이곳 저곳 흩어 뿌린다
농부가 씨앗을 뿌리듯
골고루 뿌려준다
외로움 달래기도 하고
슬픔을 적셔주기도 하며
비는 골고루 내린다

받는 이는
사정 따라 달라도
비는
골고루 내린다

눈길

하얀 눈 위에
내 발자국 찍어보고
돌아보고
또 한 발자국

뒤돌아 보고
또 한 발자국
찍어보고
또 찍어본다

돌아보지 않으면 모르리라
비뚤배뚤 걸어온 길
또 한 발자국
그대에게 다가가는
나만의 발자국

비둘기

멀리서 한참을 기다리다
하늘을 비행하여
사뿐히 내려앉아
모이 먹으며 행복해 한다

머리 갸우뚱
이러저리
이 사람 믿을 만한가
저 사람 내 편인가

잠시 멈칫 경계하다
믿을 만하다 보았는지
쪼아 먹고 쪼아 먹다
날아간다

그래도 다행이다
믿을 만한 사람 되었으니
세상 좋은 사람 되었으니

새벽 새

이른 아침 노래하는
새소리는
적어도 내게만은
행복의 소리

혹여라도 밤 새우고
새벽잠 드는 이
싫어할새라

조심 또 조심
그럼에도 내게는
행복의 소리

그리움

비가 오면 긴 머리 소녀 생각난다

하얀 피부에 노란 드레스
빨간 구두 가방을 메고
같은 반 같은 동네
생각만 해도
미소 주는 긴 머리 소녀

비 맞으며 걸었던 철길
비 그치면 더욱 밝게 비추는
별을 보며
니 별 내 별
모두 모두 그리워진다

이제는 만날 수 없는
비가 오면 더욱
생각나는 긴 머리 소녀
내 영혼의 영원한 첫사랑
긴 머리 소녀

이슬

퐁퐁
탕
탕

탁구공 튀는 소리
피아노 연주소리
옥 굴러가는 소리
청아하고 아름다운 소리
나를 반겨주는
새벽에 미소짓는
반갑고 즐거운 소리

숨은 달

꼭꼭 숨은 달
심통이 났는지
얼굴을 내밀지도 않네

환히 웃던 얼굴
어디로 감췄나
아프진 않은 건가
달아,
얼굴 한번 비춰다오

뭐라고?
기다리라고?
알았다 알았어

잠자리

밤새 이슬 맞고 추웠을 텐데
나와 눈이 맞아
파르르 파르르

즐거웠던 하루 해가 뉘엿뉘엿
어스름에 집으로 돌아오니
헤어지기 싫다
파르르 파르르

가족끼리 둘러앉아 오순도순
시간 가는 줄 모르는 멍석자리
배꼽 빠지게 웃다가
나뭇가지를 바라보니
사르르 사르르

아침에

한 마리의 개미가 길을 갑니다
외롭고 힘겨운 발걸음
키 작은 나무도 봅니다
키 큰 바위도 봅니다

이것이 좋을까
저것이 좋을까
일용한 음식을 찾았습니다

동무를 부릅니다
줄줄이
동무들이 몰려옵니다

영차영차
하나가 됩니다

민들레미꽃

담벼락 한 모퉁이에 피는 꽃
누가 보지 않아도 피어 있는 꽃

작지만 크고
크진 않지만 아름다운 꽃

벌들이 찾아와 동무가 되고
나비가 찾아와 벗이 되고
사람이 찾아주니
기쁨이 되는

그 꽃 민들레미꽃
혼자가 아니라서
행복합니다

그림자

달빛 창가에 한줄기 빛이 당신을 비춘다
그 빛은 홀로 서 있지 않다
내가 하는 대로
날 따라 한다

싫어도 싫다 아니하고
좋아도 좋다 아니하고
그저 하나가 된다

아플 때 같이 아파하고
웃을 때 같이 기뻐하고
내가 있는 곳엔
언제나 당신이 있다

내가 있어 당신이 있고
당신이 있어 내가 있는
그림자 같은 사랑
그래서
나는
당신이 좋다

사랑한다면

아무리 사랑한다 해도
아낌없이 줄 수 없으면
그것을 사랑이라 말하지 마오

줄 수 없다면
다 주고도
행복할 수 없다면
사랑이라 말하지 마오

주는 것이 사랑입니다
또 주는 것이 사랑입니다
사랑한다는 것이
사랑은 아닙니다

고래 구름

커다란 검은 구름 고래 구름 이루었다
하늘마저 덮어 버린 고래 구름
하늘이 바다인 줄 알았나
바다는 어디 두고 하늘로 올라갔나

그래 그래 놀자꾸나
노는 것도 때가 있으니
커다란 고래 구름
바다로 갈 때 가더라도
나랑 함께 놀아보자

비 갠 오후

세수한 듯 목욕한 듯
모든 것이 깔끔하다

잔디는 이미 전신욕이다
징검다리는 아직도
족욕 중이다

가꾸는 모든 것은 아름답다
저기 구석 한 곳에서
숨 쉬고 있는
풀 한 포기도
새파랗게 단장했다

그대 앞에 봐 달라고
아침마다 내가
웃음으로 단장하듯

풍성한 나무

우거진 가지가지에
둥글둥글 맺힌 과일
보기에도 흠모할 만하다

이왕 맺을 거면 풍성히
기왕 거둘 거면 화알짝

휘어질 듯 꺾어질 듯
농부의 땀방울 함초롬
가을 과실나무는
흠모할 만하다

수채화

넓은 도화지에
자갈돌 작은 돌 큰 돌
잔디꽃 잡초꽃
가득 담아 놓았다

다 각기
있는 곳에서
빛난다

돌들은 돌 있는 자리에서
잔디꽃은 잔디꽃 자리
잡초꽃은 잡초꽃 자리

수채화는 그렇게 마무리 된다
풍경은 그렇게 작품이 된다

찬바람

이런 날 올 줄 알았다
한여름 무더위
찬바람에
혼날 줄 알았다

그런데 어쩌나
이제는
찬바람이 횡포다

예쁜 꽃들도 고운 단풍도
이리 흔들 저리 흔들
찬바람에 혼쭐난다

어쩔 거나 이제는
따뜻한 봄바람에
찬 바람도 된통
혼나기를
기다리는 수밖에

행복이슬

도르르
미끄럼 타는 아침이슬은
신나고 재미있는
구슬 이슬

나는 아침마다
도르르
웃음 타는 행복이슬

작은 이슬 도르르
큰 구슬 만들 듯
작은 웃음 도르르
큰 행복 만든다

보고만 있어도 행복한
아침이슬 구슬이슬
아침마다 도르르
웃음 타는 행복이슬

5부

아픔은 싸매주고
그리움은 풍겨주고

어떤 생인가

거미는 거미대로
개미는 개미대로
꿀벌은 꿀벌대로
다들 열심히
치열하게 사는 생

어떤 생인가
나는
너는
우리는

돌들

한 돌 두 돌 쌓여
큰 무더기 되니

무거운 돌
가벼운 돌
큰 돌
작은 돌
함께 빛나는구나

홀로 있으면
그냥 돌뿐인
돌들

천생연분

꿋꿋한 나무 되어 주오
내가 흔들릴 때
내가 힘들 때
당신은 내 마음 헤아려
꿋꿋한 나무 되어 주오

당신이 아플 때
당신이 슬플 때
나도 당신 마음 헤아려
꿋꿋한 나무 되어 주리다

희망

인생은 폭풍우 만난 배
앞길을 알 수가 없다

험한 파도
뇌성벽력
의지할 것 없다

희망을 놓치면
희망이 없으면

폭풍우 만난 배
인생은 길을 잃는다

말

말은 길게 한다고
말이 아니라
짧게 한다고
말이 아니라
들리게 해야 말이다

길고 짧고
헤지 말고
들리고 안 들리고
살펴보라
들려야 말이다

자랑

잘남을 자랑하면
시기 질투 돌아오고
못남을 자랑하면
손가락질 돌아온다

낮고 높은 것
천하고 귀한 것
어디에도 없으니
자랑 마라

잘났으면
저절로 빛나고
못났으면
저절로 가려진다

우산

비 내릴 적
당신의 우산이 되리다
젖지 않도록
가까이에서
그 옆에서
당신의 우산이 되리다

당신 내 곁에 있어 주오
난 당신의 우산이 되리다

외로울 때는

이른 새벽 나를 깨운다
칼바람의 고독한 한파가
부둥켜안을수록
나는 더욱
새벽을 깨운다

이기나 봐라 네가 나를
외로움아 그리움아
밤이 깊을수록
새벽은 가까이 오나니

누구 하나 발자국 없는
사막 한가운데라도
이른 새벽 나는
형형한 두 눈을 깨운다

종소리

나는 종이 되리다
때리든지
치든지
건드리든지
울려만 주세요

난 그대의 종이 되리다
기쁜 소식 좋은 소식
널리 널리 퍼트리는
희망의 종소리 울리는
그대의 종이 되리다

절대긍정

태풍은 위대하다
바다를 뒤엎어
플랑크톤 골고루
고기에게 분배하니
좋은 쪽만 보자
좋은 쪽만 보자

오만한 가지 적절히 꺾어주고
오염된 물 적절히 쓸어주고
좋은 쪽만 보자
좋은 쪽만 보자

그리움은 사랑이다
미움도 사랑이다
사랑이 없으면
그리움도 미움도 없다
좋은 쪽만 보자
좋은 쪽만 보자

물 한 병도

더위 심하여
온몸의 열이 지속된다
좀처럼 식지도 않는다

온열치료 환자가 3,000명
온열 사망자가 30명
얼린 물 한 병이 구세주다

물 한 병에
입술 축이고
갈증 녹이고
생명 구하고

있을 때 있으면
물 한 병도 구세주다

시와 만남

시와의 만남은
행복하다

시는 우리에게 기쁨과 사랑
그리움을 자아낸다

아픔 싸매주고
기쁨은 풍겨주고

어떤 때는 생각하지 못한
삶의 지혜를
깨닫게 해준다

시와 만남은
꼭 필요하다

아직 때가 아니라면

얼마든지 기다리겠습니다
아직은 때가 아니라면
새색시가 단장하고 신랑에게
아름다운 모습을 보여주기 위해
꾸미는 시간처럼
매미가 긴 시간 고생하고 수고하는 것처럼
열매가 땡볕 불볕 인고하는 것처럼
더 크게 솟아오르기 위해
캄캄한 땅 밑에서
밑으로 밑으로 더 깊이
뿌리 내리는 나무처럼
아직 때가 아니라면 기다리겠습니다
조금 더 조금 더
갈고 다듬는 그런 시간으로
얼마든지 기다리겠습니다

떡잎을 몰랐다고

아무도 알지 못했습니다
조그마한 씨를 뿌렸을 때는

떡잎이 나오고 줄기가 나와도
아무도 알지 못했습니다

줄기가 굵어지고 잎이 나오자
그때야 알았습니다

씨앗을 몰랐다고
떡잎을 몰랐다고
낙심하지 마세요

아는 것보다
모르는 게
더 많지 않은가요?

그런 게 어디 한둘인가요?
바라건데 아는 걸로만
낙심하지 마세요

고민

그토록 사랑하기를
바라고 기다리건만
오늘 하루도
왜 이리
사랑하기 힘이 드나

고민만 쌓여가니
언감생심
사랑은 들어올
틈이 없다

아차차,
이게 뭔 짓이래
햇살도 희롱하네

어디에 서 있는가

높은 곳에 서 있을 적
낮은 곳을 알지 못했고
낮을 곳에 있을 때는
높은 곳만 바라봤습니다

너는 높아봤니
나는 낮아봤다
그 말뜻을
이해하지 못했습니다

높음을 자랑하는 사람들아
이제는 알 것 같다
너는 낮아봤지
나는 높아봤다

이 말뜻을 모르거들랑
자랑이랑 말거라
떨어지면 더 아프니까

시냇물

졸졸졸 시냇물
따라 따라 갔더니
빗물이 모여
강물에 이르는 소리였구나

돌 만나면 스쳐가고
나무 만나면 스며들고
조금이라도 낮은 곳으로
오로지 낮은 곳으로
흐르는 시냇물

가장 낮은 곳에서
더 낮게 흐를 수 없을 때
모두 모여
바다를 이루는구나

빗물이 시냇물 되어
더이상 흐를 수 없을 때
비로소 바다가 되는구나

마지막 수업

마지막은 언제나
끝이 아니라 시작이다

죽음도 끝이 아니라
새로운 시작이다

아무도 가보지 못한 길
돌아온 사람 없어서
확인만 하지 못할 뿐

이상
오늘 수업은
여기서 끝이다

즐거움

깎아지른 듯한
절벽 위에 소나무

층층층
아득한들 대수랴

박새들은 무얼 즐기나
귀 기울이며 쫑긋쫑긋
그래그래
즐거움이 별건가
아무거라도
즐기면 즐거움이지

소리

행복을 주는 소리가 있고
거두는 소리가 있다
행복을 주는 이가
행복을 받는다

거두는 이는 모른다
행복을 거두는 건
자기 귀에만 듣기 좋은
자기의 소리란 걸

행복을 받고 싶은가
남의 소리는
내 귀로 들어라
내 소리는
남의 귀로 들어라

행복을 주는 소리가 있고
거두는 소리가 있다
옥구슬 굴러가는 소리도
남의 귀로 들어라

자리가 죄

농부의 피사리에 혼나는
피는 죄가 없단다
벼 닮은 죄밖에

정말 그럴까?
닮은 건 그렇다치고
왜 그 자리에 서 있나

닮은 건 죄가 아니라
선 자리가 죄잖아
닮은 꼴로
그럴듯하게
서 있는 게 죄

속내도 다르고
모양도 다르면서
닮은 꼴로
약삭빠르게
서 있는 게 죄

노을처럼

시작과 마무리는 분명히 하자
시작이 반이고 마무리가 전부다

해를 보라
시작과 마무리를 배우려면
동녘과 서녘의 해를 보라

황홀하다 나무도
동산도 서산도
건물도 황홀하다
세상이 온통 황홀하다

시작이 반이고 마무리가 전부다
시작과 마무리는 분명히 하자
아침 저녁 노을처럼

■□ 발문

소통과 힐링으로 함께 하는
웃음치료사 시인

이인환(시인)

1. 먼저 울어주고 웃어주는 소통과 힐링의 시인

   십여년 전에 절망의 나락에서 몸부림칠 때는 어떻게든 벗어나고 싶어 일부러 웃음치료 강의를 찾아 다녔다. 웃다가 울다가 알게 모르게 가슴에 응어리가 풀리는 경험도 했다. 그 좋았던 경험이 생생하기에 〈소통과 힐링의 시〉 시리즈를 기획하면서 언젠가는 웃음치료사의 시집도 발간할 수 있기를 소원했는데, 마침내 그 소원을 이루게 되어서 정말 기쁘다.

   웃음치료사 최규훈, 그동안 만났던 여느 웃음치료사처럼 재미있는 친구로만 여겼는데, 어느 날 잔뜩 들고 온 시 뭉치를 보고 그 매력에 금세 빠져들기 시작했다.

      울어야 할 때가 있다
      닭은 울어야 아침을 맞는다

어린 새는 울어야

크게 입을 벌려야

어미 새의 먹이를 받는다

때론 울어야 할 때가 있다

그때는 더 크게 울자

까치는 울어야 새소식 전한다

- '서시' 전문

    제일 먼저 '서시'를 접하고 정말 반가웠다. 극과 극은 통하기 마련이다. 기쁨과 슬픔을 표현하는 극과 극인 웃음과 울음도 통하기 마련이다. 최규훈 시인은 이것을 누구보다 잘 알고 있었다.

    〈소통과 힐링의 시〉에서 중요하게 여기는 것은 진솔한 표현과 이에 대한 공감이다. 슬픔을 간직하면 응어리가 되어 더 큰 상처로 남지만, 이를 잘 표현하면 세상에 나 같은 슬픔을 겪는 이는 나 하나뿐이 아니라는 것을 알게 되고, 더불어 공감하는 사람들을 만나면서 자연스레 치유가 되는 경험을 할 수 있는 것이다.

    그런 점에서 '울어야 아침을 맞고, 울어야 먹이를 먹고, 울어야 새소식 전하는 이들도 있다'는 것은 얼마나 큰 위안이던가? '소통과 힐링'의 출발이 너무 좋았다.

톡 꽃망울이 터졌다

그동안 얼마나 아팠을까

톡 터트리기까지

나도 마음 하나
톡 터트렸다

이제는 아프지 않으리라
터트리고 나니
꽃 세상인 것을
- '꽃망울' 전문

시인은 꽃을 보고도 아픔에 공감한다. 그 공감이 자신의 삶을 꽃으로 피어올릴 수 있다는 것도 잘 안다. 따라서 아플 때는 혼자 품고만 있지 말고 터트려 보라고 한다. 행복에 이르기 위해서, 웃음에 이르기 위해서는, 먼저 가슴에 쌓여 있는 아픔을, 상처를 크게 터트려야 한다고 노래한다.

거 봐라
제아무리 동장군 설쳐대도
이겨내니 오지 않나
버텨내니 오지 않나
봄은 오지 않나
- '봄맞이' 중에서

이제 그 자리
하나로 남을 수 없어
꽃을 피우고
씨앗을 품습니다

어때요, 우리

씨앗이 되지 않을래요

저 꽃처럼

                              - '꽃 한송이' 중에서

시인이 타인의 아픔에 공감하는 이유는 분명하다. 세상은 혼자가 아니다. 겨울이 아무리 깊어도 봄은 오듯이 혼자가 아닌 사람들끼리 서로 소통하면 반드시 봄을 맞게 되어 있다. 그러기 위해서는 먼저 아픈 사람끼리 하나가 되어야 한다. '어때요, 우리/ 씨앗이 되지 않을래요/ 저 꽃처럼'이라며 먼저 손을 내미는 시인은 역시 웃음치료사다.

사과나무는 사과밭에

배나무는 배밭에

정자나무

마을 한 가운데

나는 지금 어디서나

웃음꽃 피우는

웃음나무

  - '웃음 나무'

어쩌실래요?

그리워만 하실래요?

꿈만 꾸실래요?

> 제가 먼저
> 치우리다
> 가시울타리
>
>   - '가시울타리'

슬픔에 빠져 있으면 아무리 웃으라고 해도 들리지 않는다. '사과는 사과나무밭에, 배나무는 배나무밭'에 있는 것처럼 사람들은 누구나 '자기만의 밭'에 있기에 먼저 그들의 밭으로 들어가서 그들과 하나가 되어야 한다. 먼저 가시울타리를 치고 있는 이들의 마음에서 울타리를 거두어 내야 한다. 시인은 웃음치료사로서 자신이 먼저 '가시울타리'를 치우겠다는 의지를 다지고 있다. 사과나무밭에는 사과의 모습으로, 배나무밭에는 배의 모습으로 다가서기 위해 노력하고 있는 것이다.

> 태양도 가릴 수 있고
> 달도 가릴 수 있지만
> 그 어떤 것으로 가린다 해도
> 너를 향한 내 마음 가릴 수 있나
>
> 손바닥으로 가린들
> 수건으로 가린들
> 콘크리트 장막으로 가린들
> 무엇으로 가릴 수 있나
>
> 가려도 가려도 가릴 수 없고

어떻게든 다 드러나니
네가 알고 내가 알 듯
이제는 감추지 말자
더 이상 감추지 말자

- '가릴 수 있나' 전문

슬픔은 아무리 감춘다 해도 감출 수 없다. 감출수록 더 아프고, 보는 이에게는 안쓰러움만 불러일으킨다. 가릴 수 없는 것이기에 차라리 대놓고 드러내는 것이 현명한 선택이다.

시인은 웃음치료사로서 언제나 '소통과 힐링'을 중요한 가치로 여기고 있다. '소통과 힐링'의 핵심은 표현과 공감이다. 시인이 시를 쓴 이유는 웃음치료사로서 아픔을 갖고 있는 이들에게 먼저 표현하고 다가서기 위함이라고 한다. 이 시집을 통해 더 많은 이들이 웃음치료의 길로 들어서기를 바라는 메시지를 전하기 위함이라고 한다. 먼저 울어주고 웃어주는 웃음치료사 시인의 소원이 이뤄져서 이 작은 시집이 웃음치료 현장에서 더 많은 이들의 마음을 열어 웃음으로 '소통하고 힐링'하는 자리를 펼칠 수 있기를 바라는 마음 간절하다.

2. 청정무구한 시골의 정서를 품고 있는 시인

큰 초가집이 있다
산에 올라 나무해 오고
장작 패어 쌓아놓고

부뚜막에 가마솥

큰 굴뚝 소죽 굴뚝

작은 굴뚝

우리집 밥솥 굴뚝

소 두 마리가 외양간에서

함께 행복해 하며 인사한다

- '고향' 중에서

최규훈 시인은 시골 출신이다. 지금은 고층건물이 들어선 도시로 변한 안산시 고잔동, 시인이 어렸을 때 그 일대는 '경기도 시흥군 수암면 고잔리 산 95번지'라는 두메산골을 품고 있었다.

산기슭의 우물터는

우리 마을

공용 웃음터

물 길러온 아낙네들

두레박으로 퍼올리는 건

언제나 웃음이 가득

호호 깔깔

한 가득 물동이

머리에 이고

출렁이면 출렁이는 대로

젖으면 젖는 대로

힘들면 힘든 대로

웃음터 기운 가득

집으로 돌아오면

삽살개 꼬리쳐 반겨 주었지

- '웃음터' 중에서

사람은 어렸을 적 환경에 큰 영향을 받는다. '소통과 힐링의 시창작교실'을 통해 슬픔을 표현하는 연습을 하다 보면 가장 밑바닥에서 올라오는 슬픔은 어렸을 적에 자신도 모르게 형성한 트라우마가 자리잡고 있다는 확인할 때가 많다. 어른이 되어서 겪은 상처는 그런대로 노력하면 풀어갈 수 있지만, 어렸을 적에 무의식으로 내면에 깊숙이 자리잡은 상처는 아무리 노력해도 풀기 어려운 숙제로 남는 것을 경험하곤 했다.

최규훈 시인의 내면은 청정무구한 시골의 정서가 자리잡고 있다. 그것은 어렸을 적 고향이 환경이 시인에게 준 가장 큰 선물이다. 시인은 그것을 마음껏 향유하고 있다.

그 당시는 우물터가 마을 사람들의 '소통과 힐링'의 장이었다. 우물터에서 속내를 털어놓으며 '호호깔깔' 웃었던 힘이 그 무거운 물동이를 이고도 아무렇지 않게 집에까지 가게 하는 힘을 주곤 했다. 이제 어른이 된 시인은 고향의 우물터를 웃음치료의 장으로 여기고 있다. 아무리 힘든 일이라도 속내를 털어내며 '호호깔깔' 웃다보면 어렵지 않게 극복해 낼 수 있다는 것을 잘 알고 있다.

모나 봐라 너만 힘들다

튀어 봐라 너만 피곤타

둥글둥글 둥근 마음씨

언제 어디서나

둥글둥글

좋은 마음씨

- '둥근 마음씨' 중에서

예전에 시골의 아이들은 혼자 삐쳐 있으면 그냥 놔뒀다. 그때는 특별한 장난감이 없어서 서로 어울리는 놀이가 주를 이루었다. 따라서 혼자 삐쳐 있다 보면 놀아줄 사람이 없어서 그것이 결국은 자신에게 손해라는 것을 스스로 느끼고 슬그머니 끼어들 수밖에 없었다. 그때 친구들은 뭐라 하지 않고, 언제 그런 일이 있었냐는 듯이 함께 어울려 주었다. 그것이 바로 청정무구한 시골의 정서였다. 그렇게 서로서로 둥근 마음을 가꿔가던 정서를 시인은 오롯이 가슴에 품고 있다.

딱딱딱딱

이른 아침

딱따구리

세상을 깨운다

짹짹짹짹

알았다고

참새가 맞장구친다

맴맴맴맴
매미도 장단 맞춰
세상을 깨운다

하하하하
나도 끼어들어
세상을 깨운다

- '나도 끼어 들어' 전문

　상처에서 벗어나는 길은 행복한 사람들 틈으로 끼어들어 그들과 하나가 되는 것이다. 세상 누구나 다 같다는 생각으로 함께 어울리면서 함께 웃음소리를 보태는 것이다. 최규훈 시인은 어린시절의 청정 무구한 정서를 바탕으로 아픔에서 벗어나는 방법을 구체적으로 제시하고 있다.

오늘은 기다리고 기다려도
모습 보이지 않고
나 보고 술래하란다

나 찾아봐라
엄마의 치마폭 뒤로
얼굴만 감춘 아기처럼
네가
아무리 숨어 봐라
내가 못 찾나

구름 뒤로 숨었지

너는 구름달
나는 술래
아무리 숨어 봐라
내가 못 찾나

                         - '구름달' 전문

  최규훈 시인은 웃음치료사다. 웃음치료사는 무엇이든지 다 긍정적으로 받아 들여야 한다. 술래가 술래를 부정하면 고역스런 일이지만, 술래로서 그 자체를 즐기면 술래잡기 놀이의 주인공이 될 수 있다. 시인은 어려서부터 술래로서 즐기는 법을 몸으로 익혔다. 술래가 술래 역할을 잘 하면 친구들도 즐겁고 자신도 즐겁다는 것을 저절로 익힌 것이다. 그것이 시로 그대로 드러난다.
  웃음치료사는 술래와 다르지 않다. 스스로 웃으며 즐기기 못하고 오로지 남을 웃기기 위해 강단에 서다 보면 본인은 더 큰 상처를 받을 수 있는 피에로로 전락할 수 있지만, 술래를 즐기는 술래처럼 웃음치료사로서 웃음을 즐기다 보면 본인도 행복하고 남들도 행복하게 해준다는 것을 잘 알고 있다. 그의 시들이 저절로 공감하고, 은근히 빠져들게 하는 매력을 발산하는 이유가 바로 여기에 있는 것이 아닐까 싶다.

3. 어머니의 사랑을 끝없이 소환하며 실천하려는 시인

새들의 쉼터는 나무요
물고기들의 쉼터는 호수요
노인의 쉼터는 그루터기요
아가의 쉼터는 엄마품이요

그 중에 최고는 엄마품이요
나무와 호수엔 위험도 있지만
엄마의 품에는 안식뿐이니

쉼과 안식이 있는 곳
우리는 누구의
엄마품이 되리오?

- '쉼터' 전문

시인의 시에는 어머니가 많이 등장한다. 그가 기억하는 어머니의 모습은 '엄마의 품에는 안식뿐이니'처럼 절대적인 믿음으로 나타난다. 그만큼 무조건적인 사랑을 받았음을 보여준다.

머리 위에 다라 이시고
오른손엔 막내딸 놓칠새라
장터로 향하시는 어머니의 모습
지금도 선하게 살아 있다

자식에게 부족함 없이 채워주시려
아침 일찍 일터로 나가시던 어머니

아낌없이 주시고
주고 또 주시고
그래도 부족하다며
항상 미안해 하시더니

- '어머니' 중에서

그 사람을 알고 싶으면 그 사람의 부모를 보라고 했다. 최규훈 시인은 어머니의 모습을 노래함으로써 자신의 자화상을 그리고 있다. 시인은 어머니에게 큰 사랑을 받은 만큼 그것을 실천하기 위해 끊임없이 노력하고 있다. 어머니가 은연중에 심어준 사랑의 깊이를 챙기기 위해 추억 속에 어머니를 시로 끊임없이 소환하고 있는 것이다.

이웃집 돌리는 것 내 몫이었다
떡 가져왔어요
떡 드세요
어머니는 그렇게
나누는 법을 가르쳤다

그렇게 나는
명절이나 절기마다
나누는 법을 배웠다

- '시루떡' 중에서

아들아, 같이 가자

어머니 따라 참외밭에 가면

노란 참외가 함박웃음

무더위와 목마름도 끄덕없다

여름에는

여름을 이기는

방법이 다 있다

- '여름' 중에서

어머니의 심부름을 통해서 나누는 법을 배웠고, 참외밭에서 여름을 이기는 법을 배웠다는 추억을 소환하면서 삶의 올바른 자세를 다져가는 시인의 노래가 아름답다.

고운 모래밭에 모여 앉아 소원을 빈다

두껍아 두껍아 헌 집 줄게 새 집 다오

손등에 모래 쌓아 좋은 집 지어놓고

어머니 얼굴 그려본다

어머니 모습 잠깐이나마

좋은 집에 모실 수 있어

행복하다

- '모래집 짓고' 중에서

하지만 시인의 현실은 마음만 같지 않다. 지금 어머니는 너무 늙

으셨고, 시인은 고생만 하신 어머니를 여유있게 모시지 못하고 있음을 고백한다. 즉 시인의 삶이 만만치 않음을 보여주고 있는 것이리라. 이것은 시인이 평소 웃음치료사라는 이름으로 남들 앞에서 과장되게 자신감을 드러내는 행동에도 영향을 끼쳤으리라.

> 아픈 자식 낫게 해달라고
> 건강하게만 해달라고
> 하늘을 바라보며 무수히
> 눈물 흘리며
> 기도 올렸던 나날들
>
> - '새벽 종소리' 중에서

시인은 어머니를 노래할 때 아직 숨기고 싶은 것이 있다. 어머니가 기도하는 대상인 자식이 처한 상황은 추상적으로 표현하는 것에서 그것을 알 수 있다. '아픈 자식 낫게 해달라고/ 건강하게만 해달라고'에 담겨 있는 의미는 무엇일까? 어렸을 적에 몸이 아팠다는 이야길까? 아니면 어린시절 누구나 다 그런 것처럼 어머니 가슴에 상처를 남긴 일을 했던 것일까? 시인도 사람인지라 자신의 가슴 속에 맺혀있는 응어리를 있는 그대로 풀어내는 것에는 좀 인색한 것처럼 보인다.

그럼에도 시인의 시가 빛나는 것은 끊임없이 무조건적인 어머니의 사랑을 끊임없이 노래한다는 것이다. 이것은 곧 현실에서 어머니의 사랑을 있는 그대로 실천하지 못하고 있는 자신에 대한 반성이자, 그만큼 어머니와 같은 사랑을 실천하기 위한 노력으로 다가온다.

시인이 웃음치료사의 길을 걷는 이유를 알 것 같다. 어머니에게 받은 아낌없는 사랑을 모든 이들에게 그대로 전해주고 싶은 것이리라.

4. '숨바꼭질'과 '소리'로 웃음을 전파하는 시인

누나는 한참 찾아 헤맸습니다
나는 꼭꼭 숨어 전봇대 뒤
장독대 뒤에서
한참을 기다렸습니다

"아무도 없네."
전봇대 곁으로 장독대 곁에서
누나는 돌아가려 했고
나는 키득키득 행복해 하다
"여기 있다, 요놈!"
누나 한 마디에 술래가 되었습니다

- '숨바꼭질' 중에서

최규훈의 시에는 '숨바꼭질'과 '소리'가 참 많이 등장한다. 어린 시절에 대한 향수일 수도 있지만, 현재 웃음치료사로 활동하면서 은연 중에 드러내는 직업병의 발로일 수도 있겠다는 생각이 든다.

참새들 벼이삭 노리며
허수아비와 눈치 싸움이다
주인까지 어쩔 수 없다
후르륵
다 흩어져 버렸다

다들 그렇게

치열하게 산다

- '논가에서' 중에서

포도송이 알알이

새들은 숨바꼭질

흩어졌다 모였다

기회 잡았다고 사뿐히

내려앉은 새들은

두리번 두리번

어쩌나 여기는 땀 흘린

주인이 있으니

너무 욕심 부리지 말고

살짝 살짝

티 안 나게만

머물다 가오

- '포도밭에서' 전문

    시인에게 '숨바꼭질'은 치열한 삶의 현장이다. 하지만 거기에는 어디까지나 함께 어울려 행복을 추구하는 기본 룰이 있을 때 가능한 일이다. 벼이삭과 포도알을 노리는 새들과 주인의 치열한 눈치 싸움 중에도 서로를 배려하는 마음, 그것은 어쩌면 적당한 시점에서 '키득키득' 소리를 내서 자연스럽게 술래를 교체해주며 더욱 즐거운 술래잡기 놀이를 이어가는 아이들의 마음과 상통하는 것이 아닐까?

어린아이의 울음소리
아낙네들의 우물가 수다 소리
다듬이 소리
들리지 않는다

음메 음메 외양간 송아지 소리
부뚜막의 고양이 소리
맷돌 돌리는 소리
새벽을 깨우는 암탉소리
이제는 들리지 않는다

빨리 오라 외치는 강아지 소리
가마솥에 밥 되었다고
탁탁 부르는 소리
보글보글 된장찌개 끓는 소리
더 이상 들리지 않는다

저 멀리 울려퍼지는
산촌의 메아리 소리
퍼드득 산비둘기 소리
쓰르람 쓰르라미 소리
행복의 소리 그대로인데

- '산촌' 전문

시인에게 '숨바꼭질' 못지않게 중요한 시어가 '소리'다. 다른 시에서도 '소리'라는 소재가 많이 나타나지만, 이 시는 온통 '소리'로 이뤄져 있다. 시인은 어린 시절의 모든 소리를 '행복의 소리'로 기억하고 있다.

시인이 이렇게 시를 통해 세상의 모든 소리를 소환하는 이유는 무엇일까? '새소리, 빗소리, 즐거운 소리, 거두는 소리, 주는 소리, 웃음소리' 등등.

시인은 웃음치료사다. 그러다 보니 누구보다 '소리'의 중요성을 알고 있다. 소리 중에 가장 좋은 소리는 웃음소리다. 그리고 그 웃음소리는 무조건 크면 클수록 좋다. 물론 인상을 쓰는 것보다야 엷은 미소라도 짓는 게 좋지만, 이왕 웃을 거면 미소보다는 박장대소, 포복절도하는 것이 좋다고 하지 않는가? 그래서 시인은 끊임없이 '소리'를 소환하며 '소리'의 중요성을 강조하고 있는 것으로 보인다.

행복을 주는 소리가 있고
거두는 소리가 있다
행복을 주는 이가
행복을 받는다

거두는 이는 모른다
행복을 거두는 건
자기 귀에만 듣기 좋은
자기의 소리란 걸

행복을 받고 싶은가
남의 소리는

내 귀로 들어라
　　내 소리는
　　남의 귀로 들어라

　　행복을 주는 소리가 있고
　　거두는 소리가 있다
　　옥구슬 굴러가는 소리도
　　남의 귀로 들어라

　　　　　　　　　　　　- '소리' 전문

　사람은 누구나 행복을 주는 소리를 듣고 싶어한다. 그러기 위해서는 남에게 행복을 주는 소리를 해야 한다는 것도 이론으로는 분명히 알고 있다.
　하지만 그게 어디 쉬운 일인가? 내 입장에서는 아무리 좋은 소리를 했다 하더라도 상대가 듣기 싫어하면 그것이 곧 나쁜 소리가 아니던가?
　그래서 우리는 언제나 술래가 되어 좋은 소리를 찾기 위해 끊임없이 노력해야 한다. 지금 내가 하는 '소리가 상대에게 듣기 좋은 소리인지 확인하려면, 나보다 먼저 남의 귀로 듣는 자세가 필요하다. 상대의 귀로 헤아리며 듣는 것이 힘들 때는 무조건 웃는 것이 좋다. 웃는 얼굴에 침 뱉는 이는 없다. 무조건 크게 웃어주는 것만으로도 얼마든지 상대에게 듣기 좋은 소리를 들려줄 수가 있다.

　　해바라기는 항상 웃고 있다
　　무얼 보고 그리 신나는지

무얼 상상하며
그리 배꼽 잡는지
언제나 활짝 웃고 있다

저 멀리 보이지 않으면
키 높이 해서라도 보고
키 작은 아이들 보이지 않으면
고개 숙여서라도 본다

밝게 웃는 해바라기
언제나
내 마음의 꽃이다

언제나 행복만
바라보는
내 마음의 꽃이다

- '해바라기' 전문

   시인은 말없이 웃고 있는 해바라기의 미소 속에서도 배꼽 잡는 웃음소리를 듣고 있다. 상대에게 듣기 좋은 소리 중에 이처럼 배꼽 잡는 웃음보다 더 좋은 소리가 어디 있을까?
   시인의 시에는 인생을 '숨바꼭질'로 보고, 행복을 찾기 위한 '좋은 소리', 즉 웃음소리를 전파하기 위해 노력하는 웃음치료사로서의 모습이 그대로 투영되어 있다.

5. 언제나 웃음으로 희망을 노래하는 시인

나는 종이 되리다

때리든지

치든지

건드리든지

울려만 주세요

난 그대의 종이 되리다

기쁜 소식 좋은 소식

널리 널리 퍼트리는

희망의 종소리 울리는

그대의 종이 되리다

- '종소리' 전문

여기에도 어김없이 '소리'가 등장한다. 그런데 그 소리는 누군가에게 맞아야 하는 '종'이어야 낼 수 있는 소리다. 시인은 기쁜 소식을 알리는 종소리를 위해서라면 기꺼이 그 '종'이 되겠다는 각오를 다진다. 어쩌면 이것은 웃음치료사의 운명일 수도 있다. 누군가에게 기쁨을 주기 위해 자신의 모든 것을 건 희망의 전도사, 웃음치료사로서의 사명감이 사뭇 비장하게 드러나고 있다.

웃음치료사가 피에로와 다른 점은 무엇인가? 슬플 때 슬픔을 감추고 남을 웃기기 위해 연기를 하는 배우라면 피에로가 될 수밖에 없지만, 아무리 슬픈 일이라도 그 자체를 즐길 수 있어야, 술래가 술래로서 즐기는 것처럼 슬픔까지 즐길 수 있어야 비로소 진정한 웃음치료사로 우뚝 설 수 있는 것이다.

그렇다면 어떻게 슬픔을 감추지 않고 그 자체를 즐길 수 있는가?

> 태풍은 위대하다
> 바다를 뒤엎어
> 플랑크톤 골고루
> 고기에게 분배하니
> 좋은 쪽만 보자
> 좋은 쪽만 보자
>
> 오만한 가지 적절히 꺾어주고
> 오염된 물 적절히 쓸어주고
> 좋은 쪽만 보자
> 좋은 쪽만 보자
>
> — '절대 긍정' 중에서

시인은 슬픔을 즐기는 것도, 모든 것의 좋은 쪽만 보는 것도 말처럼 쉬운 일이 아니라는 것을 안다. 그래서 '울어야 할 때는 울고', 술래로서 술래도 즐기는 술래가 되는 절대 긍정이 필요하다고 끊임없이 각오를 다지고 있다. '좋은 쪽만 보자/ 좋은 쪽만 보자'고 강조하는 것은 그것이 그만큼 어렵다는 것을 알고 있기 때문에 그렇게라도 끊임없이 각오를 다져야 한다는 것을 실천으로 보여주고 있다.

> 얼마든지 기다리겠습니다
> 아직은 때가 아니라면

새색시가 단장하고 신랑에게

아름다운 모습을 보여주기 위해

꾸미는 시간처럼

매미가 긴 시간 고생하고 수고하는 것처럼

열매가 땡볕 불볕 인고하는 것처럼

더 크게 솟아오르기 위해

캄캄한 땅 밑에서

밑으로 밑으로 더 깊이

뿌리 내리는 나무처럼

아직 때가 아니라면 기다리겠습니다

조금 더 조금 더

갈고 다듬는 그런 시간으로

얼마든지 기다리겠습니다

- '아직 때가 아니라면' 전문

시인은 절대 긍정의 각오를 다지기 위해서는 무엇보다 조급증을 버리고 '얼마든지 기다리겠다'는 여유가 필요하다는 것도 잘 알고 있다. 절대 긍정을 절대 긍정한다고 바로 절대 긍정이 된다고 생각하는 것은 착각이다. 절대 긍정은 말처럼 쉬운 일이 아니다. 끊임없이 마음을 다지고, 새기고, 모든 것을 웃음으로 풀어나갈 수 있어야 한다. 어느 한 순간 마음을 먹었다고 되는 것이 아니라 끈기를 갖고 지속적으로 마음을 다져나가야 하는 것이다.

그러려면 매사를 긍정적으로 보고 기다릴 줄 알아야 한다. 원하는 것이 바로 이뤄지지 않았을 때는 그것조차 아직 때가 아니라는 절대 긍정으로 받아들일 수 있어야 한다.

웃음치료에서 가장 중요한 것은 지금 당장 웃을 수 있어야 한다. 지금 당장 아침에 일어나서 웃고, 저녁에 잠들 때 웃음을 실천하는 것이 중요하다.

> 시작과 마무리는 분명히 하자
> 시작이 반이고 마무리가 전부다
>
> 해를 보라
> 시작과 마무리를 배우려면
> 동녘과 서녘의 해를 보라
>
> 황홀하다 나무도
> 동산도 서산도
> 건물도 황홀하다
> 세상이 온통 황홀하다
>
> 시작이 반이고 마무리가 전부다
> 시작과 마무리는 분명히 하자
> 아침 저녁 노을처럼
>
> - '노을처럼' 전문

행복은 웃음의 씨앗을 뿌려야 얻을 수 있는 열매다. 웃음의 씨앗을 뿌려야 행복의 열매가 열리고, 행복의 열매를 거둘 수 있어야 행복을 누릴 수 있다.

시인과 함께 하는 독자라면 이제부터라도 '노을처럼' 웃음으로 아침을 열고, '노을처럼' 웃음으로 저녁을 마무리하는 날들을 하루하루 축적해 보았으면 한다. 그렇게 축적된 웃음이 우리의 인생을 좀더 풍성한 행복의 열매로 맺어줄 것이기 때문이다.

이제 실천하고 아니고는 순전히 독자의 몫이다.

실천하는 자만이 행복의 열매를 거둘 수 있다.

지금 당장 행복의 씨앗을 뿌리기 위해 크게 웃어보자.

하하하하 으하하하하!

■□ 후기

나는 무엇을 위해 달려왔는가
지금 내게 남은 것은 무엇인가?
목회자로 웃음치료사로 걸어온 20여년의 세월이 꿈결처럼 아른거립니다.

그동안 웃음·레크리에이션 교수와 강사로 활동하며 병원, 요양원, 학교, 관공서, 군부대 등에서 함께 초청강연을 받고, 사명감으로 열심히 살아왔습니다.

시는 목회자의 길로 들어서기 전인 스물 후반부터 틈틈이 써왔습니다. 목회자의 길로 들어서면서 시는 저에게 더할 나위없는 '소통과 힐링'의 중요한 도구가 되었습니다.

이제 틈틈이 써왔던 시를 엮어 더 많은 이들을 '소통과 힐링'의 장으로 모시고자 합니다.

함께 해주실 거죠?

그동안 현장에서 저와 함께 '소통과 힐링'으로 웃고 울던 모든 이들에게 선물로 드립니다. 아울러 밤새워 써서 보여주는 시를 볼 때마다 축하와 격려로 함께 해주신 소중한 분들께 감사를 드립니다.

저의 첫시집 발간을 진심으로 응원하고 지원해주신 엘림교회 김황례 목사님과 멋진 시집이 나오도록 애써주신 출판이안 이인환 대표님께 고마움을 전합니다.

사랑합니다. 감사합니다.

반달공원에 앉아 생각에 잠기며
최규훈

소통과 힐링의 시 16

꽃처럼 씨앗이 되지 않을래요

초판 인쇄 | 2020년 1월 2일
초판 발행 | 2020년 1월 3일

지은이 | 최규훈

펴낸곳 | 출판이안

펴낸이 | 이인환
등   록 | 2010년 제2010-4호
편   집 | 이도경, 김민주
주   소 | 경기도 이천시 호법면 단천리 414-6
전   화 | 010-2538-8468
인   쇄 | 세종피앤피
이메일 | yakyeo@hanmail.net

ISBN : 979-11-85772-72-1(03810)

「이 도서의 국립중앙도서관 출판예정도서목록(CIP)은 서지정보유통지원시스템 홈페이지(http://seoji.nl.go.kr)와 국가자료공동목록시스템(http://www.nl.go.kr/kolisnet)에서 이용하실 수 있습니다. (CIP제어번호: CIP2019051934)」

값 11,500원

- 잘못된 책은 구입한 서점에서 바꿔 드립니다.
- 出版利安은 세상을 이롭게 하고 안정을 추구하는 책을 만들기 위해 심혈을 기울이고 있습니다.